CATALOGUE

D'UNE JOLIE RÉUNION

DE TABLEAUX

ET AQUARELLES,
OBJETS D'ART ET DE CURIOSITÉ,

Formant le Cabinet de M. A. B.

DONT LA VENTE AURA LIEU

POUR CAUSE DE DÉPART,

Les Vendredi 19 et Samedi 20 Avril 1850,

à une heure,

RUE DES JEUNEURS, N° 42,

HOTEL DES VENTES MOBILIÈRES,

Par le ministère de M° BONNEFONS DE LAVIALLE, Commissaire-Priseur à Paris,

RUE DE CHOISEUL, N° 11,

Assisté de M. Ferdinand LANEUVILLE, Expert, rue Caumartin, 44.

(UA)

EXPOSITION PUBLIQUE

Le Jeudi 18 Avril 1850, de midi à 5 heures

Paris

IMPRIMERIE ET LITHOGRAPHIE DE MAULDE ET RENOU,

RUE BAILLEUL, 9 ET 11

—

1850

CONDITIONS DE LA VENTE.

Les acquéreurs paieront en sus des adjudications cinq centimes par franc applicables aux frais.

DÉSIGNATION
DES TABLEAUX

CALS (d'après Eugène Delacroix).

1 — Dante et Virgile.

CERQUOZZI (Michel-Ange)

2 — Une bataille.

CICERY (Eugène).

3 — Route dans la forêt de Fontainebleau.

CICERY (Eugène).

80 — 4 — Intérieur de la forêt de Fontainebleau.

DU MÊME.

75 — 5 — Entrée d'un village.

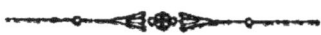

DU MÊME.

6 — Un canal.

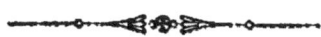

DU MÊME.

100 — 7 — Une plaine.

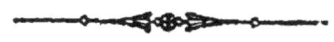

DU MÊME.

40 — 8 — Paysage.

CICERY (Eugène).

9 — Paysage, effet d'orage.

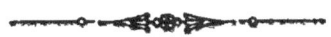

DEDREUX (Alfred).

90 —10 — Cavalier traîné par un cheval.

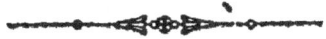

DEDREUX-DORCY.

80 —11 — Un moine retirant une femme de l'eau.

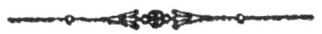

DU MÊME.

90 —12 — Jeunes filles au bain.

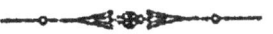

DU MÊME.

13 — Jeune fille appuyée sur sa main.

DEDREUX-DORCY.

14 — Jeune fille.

DU MÊME.

15 — Jeune fille.

DU MÊME.

16 — Jeune paysanne.

DU MÊME.

17 — Jeune fille vue de face.

DU MÊME.

18 — Jeune fille se mirant dans l'eau.

DEDREUX-DORCY.

19 — Jeune Grec contemplant la mer.

DU MÊME.

20 — Composition dans la manière de Watteau.

DU MÊME.

21 — Pendant du précédent.

GÉRICAULT.

22 — Cuirassier (tête d'étude).

DU MÊME.

23 — Postillon à la porte d'un cabaret.

GÉRICAULT.

— 24 — Tête de jeune homme, étude.

DU MÊME.

— 25 — Etude d'âne et de singe.

DU MÊME.

— 26 — Une chèvre allaitant ses petits. Intérieur d'étable.

DU MÊME.

— 27 — Une femme à cheval.

DU MÊME.

23 — Un Albanais.

ISABEY (Eugène).

18 180 -29 — Attaque d'une chaloupe par des Grecs.

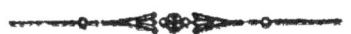

INCONNU.

20 200 -30 — Tête de Vierge.

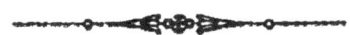

INCONNU.

50 50 -31 — La maîtresse d'école.

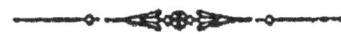

INCONNU.

12 12 -32 — Petite tête dans la manière de Rembrandt.

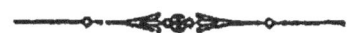

INCONNU.

2 290 -33 — Sainte-Famille (cuivre).

Dedreux-Dorcy
300 — Un christ
66 — Autre

AQUARELLES.

BONINGTON.

216 — 34 — Deux personnages de distinction regardant à une fenêtre.

CARÊME.

12 — 35 — Nymphes au bain (lavis à l'encre de Chine).

CASANOVE.

10 — 36 — Choc de cavalerie (lavis au bistre, rehaussé de blanc).

CHARLET (1837).

37 — Corps-de-garde (gouache).

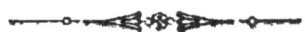

DECAMPS.

38 — Chasse au lièvre.

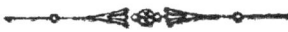

DEDREUX (Alfred).

39 — Chevaux de courses.

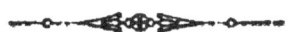

DU MÊME.

40 — Jockeys promenant des chevaux.

DUPRÉ (Jules).

41 — Intérieur de forêt (gouache).

DU MÊME.

N° 90 — 42 — Lisière d'une forêt (gouache).

GÉRICAULT.

43 — Chasseur sonnant du cor.

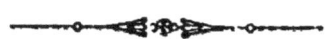

GÉRICAULT.

44 — Chevaux mangeant l'avoine.

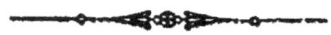

DU MÊME.

82 — 45 — Chevaux en promenade.

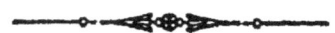

GÉRICAULT.

46 — Dessin à la plume.

HUBERT.

47 — Extérieur de ferme.

P. MICHALOWZKI.

48 — Paysan tenant un cheval de relai.

DU MÊME.

49 — Chevaux de charrette.

PIGAL.

50 — Curé de campagne.

14

DU MÊME.

51 — Pendant du précédent.
52 — Tête de Vierge (pastel).
53 — Deux dessins dans la manière de Joseph Vernet.
54 — Petite miniature d'après Greuze.

GRAVURES.

LÉOPOLD ROBERT (d'après).

55 — Les moissonneurs.
56 — Les pêcheurs.
57 — L'improvisateur.
58 — La fête de la madone de l'arc.

59 — Boîte contenant le jeu de l'Empereur.

OBJETS D'ART ET DE CURIOSITÉ.

MARBRES.

60 — Deux statuettes, satyres.
61 — L'enfant à la cage.
62 — Une statuette, figure de satyre portant des fruits. Cette statue a tout le caractère de l'antique; hauteur 83 centimètres.
63 — Deux potiches et leurs couvercles, montées en bronze doré.
64 — Une grande bouteille céladon fleuri, montée en bronze doré.
65 — Deux grands bols, fond rouge à médaillons, montés en bronze en couleur.
66 — Deux grands oiseaux, montés en bronze doré.

BRONZES ET DORURES ET OBJETS DIVERS.

67 — Une pendule, style Louis XV, marbre blanc et bronze doré très bien ciselé, forme vase avec figures et guirlandes.

68 — Deux candelabres à 4 lumières, même style.
69 — Quatre flambeaux, style Louis XV, bien dorés.
70 — Un grand lustre à 24 lumières et à lampe.
71 — Six bras à enfants et enroulement à 5 lumières chaque dorés, et les enfants argentés.
72 — Quatre enfants, bronzes florentins, montés sur pieds, rocaille en bronze doré.
73 — Deux guerriers et leurs attributs en fer ciselé.
74 — Une mosaïque d'un travail très fin, représentant la Coupe aux Colombes.
75 — Un vaisseau chinois dit conque, en ivoire d'un travail très fin.

MEUBLES ANCIENS.

76 — Un meuble en bois de chêne, sculpté à 4 ventaux et deux tiroirs.
77 — Une table à pieds tournés.
78 — Un guéridon à pieds tournés et couvert en velours.
79 — Un grand fauteuil à colonnes torses et à fronton, couvert en damas cramoisi.
80 — Un fauteuil bois sculpté, couvert en velours rouge.
81 — Deux fauteuils en bois sculpté, foncés de canne.
82 — Un grand meuble en bois sculpté à colonnes torses et à 4 ventaux. Sujets de la Passion.

83 — Douze chaises salle à manger, bois de citronnier tourné, couvertes en maroquin rouge.
84 — Une chaise, bois sculpté, foncée de canne.
85 — Un cabinet en laque noir avec tiroirs à l'intérieur, ornés de cariatides et de petites figures dorées et argentées.
86 — Une suite de pipes de diverses matières, tuyaux en cerisier, jasmin, bouquins en ambre, porte-cigares, etc.
Ce numéro sera divisé.

MEUBLES DIVERS.

87 — Beau régulateur de Bordier, dans sa boîte d'acajou avec fronton sculpté. Il marche un an sans être monté, il marque les phases de la lune, les mois et les quantièmes.
88 — Une grande console en bois d'acajou à chimère avec glace et dessus de marbre blanc.
89 — Un meuble de salon en bois d'acajou couvert en tapisserie d'Henry, composé d'un canapé, huit fauteuils, quatre chaises et quatre tabourets en X.
90 — Une grande table de salon en bois laqué.
91 — Un grand tapis de table en broderie de l'Inde.
92 — Un tapis de salon en moquette, fond rouge, environ 6 mètres de long sur 5 de large.
93 — Une glace miroir avec bordure sculptée et dorée avec couronnement.

94 — Un grand plat en cuivre ciselé et émaillé sur son pied en bois noir.
95 — Une boîte de fiches et jetons en écaille avec entourage et abeilles en or ; ayant appartenu à l'Empereur et provenant de la vente de la Malmaison.
96 — Sous ce numéro seront vendus les articles omis au présent catalogue.

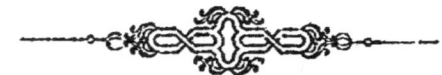

www.ingramcontent.com/pod-product-compliance
Lightning Source LLC
Chambersburg PA
CBHW030113230526
45471CB00003B/1401